PROCEDURE PENALE

LES INCIDENTS DE PROCEDURE

LISTE DES ABREVIATIONS

al. : alinéa
Art. : article
CP : Code Pénal
CPP : Code de Procédure Pénale
J.I : Juge d'Instruction
L.P : Liberté Provisoire
M.P : Ministère Public

La procédure pénale organise et règlemente le procès pénal. Elle fixe les règles qui doivent être suivies et les formes qui doivent être respectées pour la recherche, la constatation et la poursuite des infractions ; pour l'établissement des preuves et le jugement du délinquant à l'audience.

Elles permettent de garantir les droits de la Société et de protéger les libertés individuelles. Toute personne pénalement poursuivie a le droit de contester la légalité de l'accusation dont elle fait l'objet. Ce droit résulte du principe constitutionnel de sécurité juridique qui énonce que « Nul homme ne peut être accusé, arrêté ni détenu que dans les cas déterminés par la loi selon les formes qu'elle a prescrites. »

Pour ce faire, les parties au procès pénal doivent disposer de recours ou de moyens de défense.

Ce sont les incidents de procédure. Ils peuvent être définis comme étant des questions ou des faits qui surviennent au cours d'une instance déjà ouverte et qui ont pour effet, soit de mettre un terme au procès, soit de suspendre ou de retarder le jugement de l'affaire, soit de modifier la physionomie de la demande.

Dans la pratique, le prévenu ou l'accusé ou son conseil soulève une ou des exceptions au cours du procès pénal. C'est un moyen par lequel le défendeur demande au juge soit de refuser d'examiner la prétention du demandeur parce que l'instance est mal engagée, soit de surseoir à statuer jusqu'à ce qu'une juridiction statue sur un fait auquel dépend la poursuite.

Est-ce que le juge qui doit rendre le jugement peut se prononcer sur les différents incidents de procédure ?

Puisque le CPPM ne donne pas une liste des incidents de procédure, nous allons relever les incidents généralement rencontrés (Partie I), puis examiner le jugement de ces incidents (Partie II).

PARTIE I : LES DIVERS INCIDENTS DE PROCEDURE

Toute personne pénalement poursuivie doit avoir un procès équitable qui suppose le respect effectif des droits de la défense. Le prévenu ou l'accusé à droit à ce que sa cause soit entendue par un juge compétent, impartial, agissant suivant les règles et les formes prescrites par la loi. Au cours d'un procès pénal, une des parties peuvent soulever des questions ou des faits qui sont de nature à altérer la vérité ou à violer l'équilibre des parties. Les incidents généralement rencontrés sont relatifs à la compétence (chapitre I), à l'administration de la justice (chapitre II) et à l'action publique (chapitre III).

Chapitre I : LES INCIDENTS RELATIFS A LA COMPETENCE

Au cours du procès pénal, la juridiction répressive doit toujours vérifier sa compétence et elle peut soulever d'office son incompétence. Dans le cas contraire, une des parties peut invoquer l'exception d'incompétence. Par ailleurs, deux juridictions peuvent être saisies de la même affaire.

Section I : l'exception d'incompétence

§1. Notion de compétence

En matière répressive, la compétence est l'aptitude d'une juridiction répressive déterminée à connaître d'un procès pénal donné. Les règles de compétence sont d'ordre public. Elles sont édictées dans un but d'intérêt général et les parties ne peuvent y déroger par leur seule volonté. C'est l'interdiction de la prorogation conventionnelle de compétence. Il y a incompétence lorsque la juridiction répressive n'a pas cette aptitude.

§2. Le renvoi d'une juridiction devant une autre

Il y a exception d'incompétence lorsque le prévenu ou l'accusé conteste la compétence de la juridiction saisie au profit d'une autre juridiction ou lorsqu'il soulève que la juridiction soit autrement composée pour cause de suspicion légitime ou pour cause de sûreté publique. Il demande alors le renvoi d'une juridiction devant une autre. Notons que les parties intéressées disposent d'un délai de dix(10) jours à compter de la signification ou de la notification pour déposer un mémoire au greffe de la Cour de cassation. Cette juridiction statue sur la requête aux fins de renvoi conformément à l'art.24 de la loi n°2004-036 du 01 octobre 2004.

En outre, le prévenu ou l'accusé et toute partie à l'instance peut récuser un juge qu'il suspecte d'impartialité. L'art.41 CPP détermine les causes de récusation notamment le lien de parenté jusqu'au degré de cousin germain inclusivement entre le juge ou son conjoint et l'une des parties ; la situation de dépendance du juge ou de son conjoint vis-à-vis d'une des parties.

Cependant, les magistrats, les Officiers du Ministère public ne peuvent être récusés. Par contre, ils doivent s'abstenir d'intervenir dans le procès pénal. Il est à signaler que la requête en récusation ne dessaisit pas le magistrat qu'elle vise.

Section II : le conflit de compétence

§1. La vérification préalable de compétence

Lorsque le juge pénal est saisi d'une affaire, il doit vérifier préalablement sa compétence suivant trois critères. Primo, le critère de compétence matérielle ou ratione materiae. C'est la compétence d'attribution qui est relative à la nature de l'infraction poursuivie : crime, délit ou contravention. Secundo, la compétence personnelle ou ratione personae qui se rapporte à la qualité ou le statut du délinquant (mineur, chef ou membre d'une institution). C'est en fonction de ce critère que se répartit la compétence entre juridiction de droit commun et juridiction d'exception.
Tertio, le critère de compétence territoriale ou ratione loci. L'art.31 CPP pose le critère des trois lieux à savoir le lieu de commission de l'infraction, le lieu de résidence ou le lieu

d'arrestation de l'une des personnes soupçonnées d'avoir participée à l'infraction. Exceptionnellement, en matière d'abandon de famille, le tribunal du domicile de la personne créancière de la pension alimentaire est également compétent. Après la vérification de compétence, la juridiction répressive peut se déclarer compétente ou non.

Cependant, en raison de la plénitude de juridiction, la cour criminelle ne peut se déclarer incompétente s'il a été saisi à tort d'un délit ou d'une contravention sauf si la connaissance de l'infraction revient à une juridiction d'exception.

§2.le règlement de juges

L'art.39 CPP dispose qu'il sera réglé par **la procédure de règlement de juges** en cas de conflit de compétence entre deux juridictions répressives. Il y a conflit de compétence lorsque l'aptitude à connaitre d'un procès déterminé est soit retenue (conflit positif), soit refusée (conflit négatif) par deux(02) juridictions saisies simultanément de la même affaire.

Le règlement de juges est une procédure par laquelle une juridiction supérieure décide qui, des deux(02) juridictions sera exclusivement compétente pour en connaître. L'art.103 de la loi n°2004-036 du 01octobre 2004 donne compétence à la Cour de cassation de la Cour suprême. Néanmoins, la Chambre d'accusation peut statuer sur le règlement des juges dans deux(02) hypothèses.

D'une part, lorsque deux tribunaux correctionnels, deux juges d'instruction ou deux tribunaux de police appartenant au même ressort de la Cour d'appel se trouvent simultanément saisis de la même infraction ; d'autre part, en cas de conflit négatif ou positif de compétence relatif à la décision rendue par deux juridictions ou deux juges d'instruction relevant de la même cour d'appel.

Chapitre II : LES INCIDENTS RELATIFS A L'ADMINISTRATION DE LA JUSTICE

La procédure pénale doit concilier deux (02) intérêts à savoir l'intérêt de la Société et la protection de la personne poursuivie. Les actions diligentées par le représentant de la Société doivent respecter les règles prescrites par le CPP. En cas de violation de ces règles, le prévenu ou l'accusé peut demander l'annulation ou l'irrecevabilité de ces actes.

Section I : les incidents relatifs aux actes de procédure

§1.demande de nullité

L'action en nullité peut porter sur *l'acte de saisine* de la juridiction de jugement. L'art.74 CPP pose la règle en stipulant que « la nullité d'un exploit ne peut être prononcée que lorsqu'elle a pour effet de porter atteinte aux intérêts de la personne qu'elle concerne ». L'huissier peut être condamné aux frais de l'exploit et de la procédure annulée et éventuellement de dommages et intérêts.

En pratique, le tribunal renvoie l'affaire pour régularisation de la procédure à la diligence du M.P.

Les actes d'instructions peuvent aussi être sanctionnés par la nullité à la demande des parties, du juge d'instruction ou du M.P agissant d'office.

C'est une manifestation du contrôle de la régularité des actes d'instruction par la Chambre d'accusation. La nullité peut être textuelle ; c'est la sanction de l'inobservation d'une disposition à peine de nullité dans un acte par exemple, perquisition en dehors des heures légales.

Par contre, la nullité substantielle est relative à une violation des dispositions substantielles du CPP notamment les droits de la défense. L'art.325 CPP apporte une limite par la preuve que cette violation a porté atteinte aux droits au profit de laquelle la disposition violée était édictée. Cependant, la nullité peut faire l'objet de renonciation express par les parties en présence de son conseil lorsqu'elle n'est prévue que dans leur seul intérêt.

Enfin, la personne poursuivie ou le Procureur général près la Cour d'appel peut exercer la voie de l'opposition aux fins d'annulation **des actes de juridiction** en matière criminelle. C'est une voie de recours qui doit être fondée sur des moyens tirés d'une irrégularité ou d'une nullité de la procédure. Elle est proposée à la Chambre d'accusation.

L'art.330 CPP dispose qu'à défaut d'opposition, toutes les nullités sont réputées couvertes et ne peuvent être proposées ni devant la cour criminelle ni comme un moyen de cassation. En matière correctionnelle ou de simple police, la demande de nullité doit, à peine de forclusion définitive, être proposée à la juridiction de première instance.

§2. Action en irrecevabilité de la procédure

Lorsque le M.P décide d'intenter des poursuites, il doit examiner la recevabilité de l'action publique et choisir la procédure de poursuite adéquate.

Le M.P doit s'assurer de la levée des préalables à la poursuite. En effet, l'action publique est irrecevable quand elle est subordonnée à une plainte préalable (cas d'adultère ou de dénonciation calomnieuse) ou lorsqu'elle nécessite une autorisation de poursuite sauf en cas de flagrant délit. C'est également le cas des questions préjudicielles à la mise en mouvement de l'action publique. Le M.P ne peut poursuivre l'infraction de suppression d'état avant que le tribunal civil n'ait tranché sur la question de filiation. En effet, l'art.50 de la loi n°63-022 du 20 novembre 1963 sur la filiation, l'adoption, le rejet et la tutelle stipule qu'il ne peut être statué sur une action pénale relative à un délit portant atteinte à la filiation qu'après jugement définitif par les tribunaux civils sur la question civile de filiation. En outre, le tribunal civil doit résoudre les questions préalables de nullité de mariage avant la poursuite du délit d'enlèvement d'une fille mineure suivi de son mariage avec son ravisseur.

§3. Le faux incident

Une partie peut soulever qu'une pièce déterminante de la procédure est arguée de faux. Dans ce cas et s'il y a de sérieux de doutes sur sa sincérité, il est procédé par voie d'instruction préparatoire, contre personne dénommée ou non dénommée (art.524 CPP). Il appartient à la juridiction répressive saisie de décider s'il y a ou non sursis au jugement pour permettre à la défense ou au M.P d'engager des poursuites. Les parties peuvent également demander l'annulation des actes argués de faux. Ainsi, le faux s'analyse en une cause de nullité.

Section II : les incidents relatifs à la preuve

§1.Demande de jonction de dossiers de procédure

Cette requête faite par les parties est motivée par la connexité ou l'indivisibilité des infractions. La jonction peut être aussi ordonnée d'office par le tribunal saisi de plusieurs procédures visant des faits connexes (art.26 CPPM). En cas de connexité, la jonction de procédure est facultative car le lien logique est moins fort entre les divers éléments délictueux. Par contre, elle est obligatoire en cas d'indivisibilité.

Par ailleurs, la connexité ou l'indivisibilité entraine une prorogation légale de compétence. Les articles18et 25 CPPM étendent respectivement la compétence matérielle de la Cour criminelle et du tribunal correctionnel à des délits et des contraventions « formant avec le crime objet de la poursuite un ensemble indivisible » ou « unies par des liens de connexité ou d'indivisibilité ». La prorogation profite à une juridiction de droit commun au détriment d'une juridiction d'exception.

Cependant, le mineur coauteur ou complice d'un majeur doit toujours être jugé par la juridiction des mineurs. Lorsque les infractions connexes ou indivisibles relèvent des juridictions de droit commun, la prorogation s'opère au profit de la juridiction la plus élevé en degré.

§2.Demande d'actes d'instruction

Les actes d'instruction sont des actes qui ont pour but la recherche et la réunion des preuves de l'infraction qu'ils soient accomplis par des juridictions d'instruction ou des officiers de police judiciaire.

Primo, le J.I peut, en toute matière, désigner par ordonnance motivé un expert pour l'éclairer sur des questions d'ordre technique. Cette ordonnance non susceptible d'appel précise la mission et le délai imparti à l'expert. Ce dernier est tenu de dresser un rapport de ses conclusions qui sera versé au dossier pour information des conseils de l'inculpé.

Ces conclusions ne lient pas le juge. L'art.58 al.2 CPPM précise que l'expertise peut être décidée d'office par le J.I ou faite à la demande des parties ou du M.P.

Secundo, aux termes de l'art.249 CPPM, les parties peuvent, à tout moment de l'instruction, requérir le J.I de procéder à des actes qu'ils jugent utiles à la manifestation de la vérité. La saisine est faite par réquisitoire introductif par le procureur de la République ou par requête du conseil de l'inculpé ou de la partie civile. En cas de refus, il doit le faire par ordonnance susceptible d'appel.

Cette possibilité n'est pas prévue pour la procédure de l'information sommaire.

§3.Demande de mise en liberté provisoire (L.P)

Selon l'art.333 CPPM, la détention préventive est une mesure exceptionnelle. Puisque la culpabilité de la personne pénalement poursuivie n'est pas encore établie, elle peut demander une mise en liberté provisoire.

Au cours de l'instruction préparatoire, la mise en L.P d'un inculpé peut être demandée à tout moment par le P.R par voie de réquisitions ou par l'inculpé par voie de requête adressée au J.I.

Ce dernier communique cette requête au magistrat du M.P avec le dossier de la procédure aux fins de réquisitions. La chambre de détention préventive statue dans les trois(03) jours par un jugement motivé. Si le M.P ne s'y oppose pas, la décision reçoit une exécution immédiate. Dans le cas contraire, la durée d'appel ou l'appel du procureur de la République suspend l'exécution de la décision.

Après la saisine de la juridiction de jugement, la demande est faite par la personne pénalement poursuivie. Et la compétence revient à la chambre d'accusation lorsqu'une procédure criminelle est soumise à la Cour suprême ou en cas de décision de renvoi de l'accusé en Cour criminelle. Elle est également compétente lorsqu'aucune juridiction ne se trouve saisie.

Chapitre III : *LES INCIDENTS RELATIFS*

A- L'ACTION PUBLIQUE

L'action publique est le recours à l'autorité judiciaire exercé au nom et dans l'intérêt de la société par les magistrats du parquet, même si la victime ne le désire pas. L'objectif est de faire appliquer au délinquant les peines prévues par la loi. Les incidents relatifs à l'action publique se rapportent aux causes d'extinction de l'action publique prévues par l'art.02 CPPM. Elles font obstacles de façon permanente à l'exercice de l'action publique.

Section I : les obstacles tenant au délinquant

§1. Le décès du délinquant

Cela s'explique par le principe de la responsabilité pénale individuelle et le principe de la personnalité des peines. Ces principes font obstacles à la poursuite et à la condamnation des héritiers du délinquant. En effet, « dans notre droit moderne, on ne fait plus de procès aux cadavres ou à la mémoire des morts » (Stefani, Levasseur et Bouloc dans Procédure pénale, Précis Dalloz). Cependant, l'action publique subsiste visà-vis des coauteurs et des complices. Il est aussi possible pour la victime d'exercer l'action civile contre les héritiers et les civilement responsables du coupable ou l'assureur de responsabilité de l'auteur de l'infraction devant les tribunaux civils.

§2. La transaction

En principe, la transaction sur l'action publique est impossible. Elle éteint l'action civile mais ne fait pas disparaitre l'action publique. En effet, le M.P n'a pas le pouvoir de disposer de l'action publique ; il ne peut pas y renoncer ni transiger. Cela résulte de l'indisponibilité du procès pénal. Cependant, la conclusion d'une transaction entre certaines administrations et le délinquant avant le jugement définitif peut éteindre l'action publique. C'est une proposition d'abandon de poursuites faite au délinquant en contre partie de la reconnaissance de l'infraction et du versement d'une somme d'argent. L'art.2 al.2

CPP prévoit aussi le paiement d'une amende de composition.

Section II : les obstacles tenant à la victime

§1.La prescription de l'action publique

L'inobservation du délai de prescription éteint le droit d'agir en justice. C'est une exception péremptoire ; son caractère d'ordre public permet au juge de le soulever d'office. Et il appartient au M.P de rapporter la preuve contraire. Le délai de droit commun de prescription varie suivant la gravité de l'infraction. Il est de dix(10) ans pour le crime, de trois(03) ans pour le délit et de un(01) an pour la contravention. Cependant, des délais spéciaux sont fixés pour certaines catégories d'infractions telles que le délit de presse qui est de six (06) mois.

En général, le point de départ de ce délai court à partir du jour de la commission de l'infraction. Il se calcule de quantième à quantième (par mois ou année et non par jour) en excluant le jour de la commission de l'infraction. Tout acte de poursuite ou d'instruction est interruptif de la prescription.

En revanche, les actes annulés ne suspendent pas le délai de prescription.

§2. Le retrait de plainte

En principe, le retrait de la plainte déposé par la victime éteint l'action civile mais n'a aucun effet sur l'action publique. Cependant, il éteint l'action publique lorsque la plainte est une condition nécessaire de la poursuite. Il en est ainsi dans la poursuite des infractions d'adultère et de détournement de mineure suivi de son mariage avec son ravisseur. En effet, l'art.336 CP dispose que l'adultère de la femme ou du mari ne peut être dénoncé que par le mari ou par la femme. Et lorsqu'une mineure enlevée ou détournée aura épousée son ravisseur, celui-ci ne pourra être poursuivi que sur la plainte des personnes qui ont qualité pour demander l'annulation du mariage (art.356 CP).

Section III : obstacles liés au juge et au législateur

§1.L'amnistie et l'abrogation de la loi pénale

L'amnistie éteint l'action publique quand elle intervient avant le jugement de l'affaire. Le principe est que l'extinction de l'action publique est étendue aux coauteurs et complices du délinquant puisque le fait amnistié perd son caractère délictueux sauf amnistie assortie de conditions.

Cependant, l'action civile survit à l'action publique ; le tribunal répressif est compétent s'il a été saisi avant l'entrée en vigueur de l'amnistie ou si l'amnistie dépend de la peine prononcée.

L'abrogation tacite ou express de la loi pénale obéit aux mêmes règles sauf si la juridiction répressive a rendue une décision au fond.

§2.La chose jugée

Elle éteint l'action publique par l'effet d'une décision définitive rendue par le juge répressif relative à cette action. En droit pénal comme en droit civil, la chose définitivement jugée est tenue pour l'expression de la vérité ; à ce titre, il n'est pas possible de la remettre en question ou de la contredire dans un nouveau procès. C'est l'impossibilité de poursuivre et de juger à nouveau pour les mêmes faits le délinquant qu'il ait été condamné, relaxé ou acquitté (art.438 al.2 CPP). C'est le sens de la règle « Non bis in idem ».

Ainsi, l'exception de chose jugée n'est recevable qu'en cas d'identité des parties, d'identité de l'objet et d'identité des faits.

Notons que la chose jugée relative à l'action publique n'entraîne pas extinction de l'action civile qui peut être exercée devant la juridiction civile tant qu'elle n'est pas prescrite.

PARTIE II : LE JUGEMENT DES INCIDENTS DE PROCEDURE

Le but de la poursuite, c'est de constater la culpabilité du délinquant, d'apprécier sa responsabilité et éventuellement de prononcer une peine à son encontre. C'est la juridiction de jugement qui est chargé de cette fonction par la loi. Une fois saisie, elle doit examiner l'affaire et ne peut s'en dessaisir qu'après une décision sur le fond à moins qu'elle constate son incompétence. La juridiction de jugement est saisie IN REM c'est-à-dire qu'elle est saisie uniquement des faits qui sont portés devant elle. Elle doit statuer sur ces faits, sur toutes les réquisitions du M.P et sur les incidents ou exceptions soulevés par les parties sous peine de cassation.

Avant de se prononcer sur les incidents, le juge répressif doit respecter certaines règles inhérentes à la procédure de type accusatoire (Chapitre préliminaire). Mais il importe de savoir si le juge saisi de ces incidents peut participer à leur jugement (Chapitre I). Ou bien devra- t-il surseoir à statuer jusqu'à ce que la juridiction compétente tranche sur ces questions préliminaires (Chapitre II).

Chapitre préliminaire : LA PROCEDURE ACCUSATOIRE

Le CPP est caractérisé par une procédure mixte à savoir la procédure inquisitoire et la procédure accusatoire. Cette dernière forme de procédure est appliquée au niveau de la phase de jugement afin de respecter les droits de la défense. Elle suppose une discussion entre la personne poursuivie et le représentant de la Société devant un juge impartial.

Section I : la publicité des débats

C'est une garantie essentielle des droits du prévenu prévue par l'art.356 CPP. Le public est admis dans la salle d'audience ; la police de l'audience et la direction des débats sont attribuées au président du tribunal ou de la Cour. Ainsi, il peut expulser de la salle d'audience et éventuellement placer sous mandat de dépôt les perturbateurs. En outre, le président peut ordonner par arrêt ou jugement que le débat se déroule à huis clos ou en chambre de conseil pour le jugement des mineurs délinquants. Cette décision est motivée par la publicité dangereuse du débat pour l'ordre public et les mœurs. Le huis clos ordonné s'applique au prononcé des jugements séparés statuant sur des incidents ou des exceptions. Par contre, la décision sur le fond doit toujours être prononcée en audience publique.

Section II : L'oralité des débats

Tous ceux qui participent aux débats s'expriment oralement. Le prévenu ou l'accusé sont interrogés ; les témoins déposent oralement et les experts relatent verbalement les résultats de leurs opérations.

Lorsqu'une des parties soulève une exception, le tribunal demande à la partie demanderesse de présenter ses observations et de rapporter les preuves de ses dires. Ensuite, il donne la parole au M.P pour ses observations et ses réquisitoires. Ainsi, l'oralité des débats n'exclut pas le dépôt de réquisitions et de conclusions écrites.

Section III : Le caractère contradictoire des débats

Le principe du contradictoire se traduit par la présence des différentes parties à l'audience. En effet, la présence du prévenu ou de l'accusé est nécessaire pour la manifestation de la vérité. S'il est détenu, il est extrait de la prison. Et le prévenu non détenu et régulièrement cité doit se présenter à l'audience. En cas de non comparution, deux(02) cas se présentent : d'une part, s'il a été cité à personne, le jugement sera réputé contradictoire à son encontre. D'autre part, s'il n'a pas été cité à personne et qu'il n'a pas eu connaissance de la citation, le jugement est rendu par défaut. Notons que le M.P, la partie civile et la défense disposent des mêmes droits en pouvant notamment poser des questions aux témoins.

Chapitre I : LE JUGE DE L'ACTION, JUGE DE L'EXCEPTION

Cette règle est posée par l'art.16 CPP pour une bonne administration de la justice et pour rendre efficace la machine répressive. Grâce à elle, la justice est à la fois meilleure puisque le juge peut apprécier tous les éléments du procès, et plus rapide car on évite les moyens dilatoires.

Section I : le régime juridique

§1. Signification de la règle

L'article 16 CPP stipule que : « la juridiction saisie de l'action est compétente pour statuer sur toutes les exceptions proposées par le prévenu ou l'accusé pour sa défense… ». Ainsi, le juge saisi de la connaissance d'une infraction à la loi pénale doit apprécier tous les éléments constitutifs de cette action ou omission et résoudre toutes les questions qui s'y rattachent. Le tribunal est tenu de répondre par un jugement motivé susceptible de voies de recours afin de garantir les droits des parties. Cette obligation de répondre concerne uniquement les « chefs péremptoires » c'est-à-dire les questions susceptibles d'influer sur la décision du juge répressif.

Cette règle donne compétence au juge pénal de statuer par un seul et même jugement les incidents soulevés par les parties et le fond de l'affaire.

Cependant, cette aptitude ne lui permet pas d'appliquer aux problèmes extra-pénaux qui se posent au juge répressif, les règles de preuve de la procédure pénale. Il doit faire usage des règles de preuve qu'impose la nature des problèmes extra-pénaux.

§2.Conditions de recevabilité

En principe, les incidents de procédure doivent être présentés « **IN LIMINE LITIS** » c'est-à-dire au seuil du procès. Ce seuil se situe avant le moment où l'instance va être liée par le dépôt des conclusions au fond par les parties poursuivantes. Ainsi, les incidents de procédure doivent être invoqués dès le début de l'instance, avant toute défense au fond ou fin de non recevoir. En effet, toute présentation tardive est sanctionnée par leur irrecevabilité.

Exceptionnellement, ce principe n'est pas absolu. Certains moyens de défense peuvent être soulevés « **en tout état de cause** ». Cela signifie que le prévenu ou l'accusé, le ministère public peuvent les présenter soit en première instance, soit en appel, soit pour la première fois devant la Cour de cassation. C'est le cas des exceptions qui ont un caractère d'ordre public notamment la prescription de l'action publique ou l'exception d'incompétence qui doit être examinée tant qu'il n'y a pas de décision définitive.

Section II : Application de la règle

§1. Les décisions avant dire droit

Le juge répressif doit résoudre les questions préliminaires avant de se prononcer sur la culpabilité du délinquant. Ainsi, les incidents de procédure feront l'objet de délibération ; les magistrats et les assesseurs prêtent serment de garder le secret de la délibération. D'ailleurs, l'art.435 CPP dispose que les décisions sont prises à la majorité sans qu'il soit nécessaire de le constater dans le corps de l'arrêt.

Le juge peut prendre des décisions avant dire droit : il ne se prononce pas sur le fond de l'affaire mais ordonne des mesures d'instruction comme l'expertise (décision préparatoire) ou statue sur la demande de mise en L.P (décision provisoire) ou admet l'existence d'une question préjudicielle (décision préparatoire).

Ces décisions n'entraînent pas le dessaisissement de la juridiction qui l'a rendue.

En effet, l'affaire reviendra à l'audience de la même juridiction et les débats sur le fond reprendront après résolution des incidents. Cependant, certaines décisions du juge peuvent le dessaisir du procès pénal tels que les décisions d'incompétence ou d'irrecevabilité.

§2. Les décisions sur le fond

En principe, la juridiction répressive doit joindre avec le fond par un seul et même jugement les incidents ou les exceptions en se prononçant en premier sur les exceptions et ensuite sur le fond. Les décisions sur le fond sont de trois sortes.

Primo, la décision de relaxe ou d'acquittement lorsque l'action publique est mal fondée ou éteinte ou en cas de bénéfice de doute au profit de la personne poursuivie. La décision d'acquittement est réservée à la Cour criminelle et a un caractère définitif. Par contre, la relaxe est prononcée par les autres juridictions et elle est susceptible de voies de recours. Secundo, la décision d'absolution qui établit la culpabilité du délinquant mais il échappe à toute mesure répressive à cause du bénéfice de l'excuse absolutoire. Néanmoins, sa responsabilité civile subsiste.

Tertio, la décision de condamnation qui fixe les sanctions pénales infligées au délinquant. La partie civile obtiendra des dommages et intérêts à condition que le préjudice soit personnel, direct et actuel, et soit la conséquence des agissements incriminés. Les décisions sur le fond dessaisissent le juge et mettent fin au procès.

Chapitre II : *LES EXCEPTIONS PREJUDICIELLES AU JUGEMENT*

Au cours d'un procès pénal, une question qui n'est pas normalement de la compétence du juge répressif, se pose et conditionne l'issue du procès. Cependant, le juge compétent pour juger cette exception n'est pas le même que celui qui connaît de l'action. On dit qu'il y a exception préjudicielle au jugement.

Section I : le régime juridique

§1. Règles fixées par l'art.17 CPP

Aux termes de l'art.17 CPP, l'exception préjudicielle n'est recevable que si elle est de nature à retirer au fait qui sert de base à la poursuite le caractère d'une infraction. Cela signifie que le moyen de défense invoqué par la personne poursuivie doit être sérieux et vraisemblable.

Elle doit corroborer ses dires par des titres ou des faits. En effet, il faut éviter que l'exception préjudicielle ne devienne un moyen de « pure chicane » destiné à ralentir la marche du procès.

En principe, l'accusé ou le prévenu doit le soulever avant toute défense au fond. Mais, en matière de nationalité, le juge doit le soulever d'office puisque les exceptions de nationalité et d'extranéité sont d'ordre public.

§2. Nature variable des exceptions préjudicielles

En vertu de l'art.16 CPP, le juge saisi de l'action publique est compétente pour statuer sur toutes les exceptions proposées par le prévenu ou l'accusé pour sa défense, *à moins que la loi n'en dispose autrement, ou qu'un droit réel immobilier ne soit allégué*. Il résulte que les questions de droits réels immobiliers sont des questions préjudicielles de **nature civil**. C'est le cas également des questions de nationalité. Par conséquent, ni la propriété mobilière ni les droits de créance même portant sur un immeuble ne constituent pas des exceptions préjudicielles.

Néanmoins, l'exception préjudicielle peut être de **nature administrative**. Cela consacre le principe de séparation des autorités administratives et judiciaires. L'appréciation de la légalité d'un acte administratif individuel ne relève pas de la compétence du juge répressif. Par contre, en vertu du principe de la plénitude de juridiction, le juge répressif a le pouvoir d'interpréter et d'apprécier la légalité des actes administratifs règlementaires.

Par ailleurs, l'accusé ou le prévenu peut soulever **une exception d'inconstitutionnalité** lorsqu'une disposition de texte législatif ou règlementaire porte atteinte à ses droits fondamentaux.

Enfin, l'exception préjudicielle est aussi de **nature pénale**. On peut relever les délits de dénonciation calomnieuse et de diffamation. En ce qui concerne la première infraction, on ne peut condamner le dénonciateur si le fait dénoncé a donné lieu à des poursuites pénales qu'après une décision définitive qui s'y rapporte (décision d'acquittement, décision de classement sans suite,…).

En cas de diffamation, la personne poursuivie comme diffamateur a le droit d'établir la véracité de ses allégations.

Section II : Effets des exceptions préjudicielles au jugement

§1. Le sursis au jugement

Le principal effet de l'exception préjudicielle au jugement est **le sursis au jugement**. Lorsque la question soulevée par l'une des parties au procès est recevable, le tribunal répressif accorde au prévenu ou à l'accusé un délai pour saisir la juridiction compétente. Par conséquent, le juge pénal doit surseoir à statuer jusqu'à ce que cette juridiction rende une décision sur cette question préjudicielle.

En matière de nationalité, ce délai impérativement à deux(02) mois. Passé ce délai, le prévenu ou l'accusé doit informer le juge pénal des actions qu'il a diligenté ainsi que des résultats. Si la partie concernée n'a pas saisi la juridiction compétente dans le délai imparti, le tribunal répressif peut statuer sur le fond de l'affaire.

Ce délai est de un (01) mois en cas d'exception d'inconstitutionnalité.

§2. L'autorité de la chose jugée

Mis à part le sursis au jugement, la décision rendue par la juridiction compétente a **une autorité de la chose jugée**. En principe, la règle est que « le criminel tient le civil en l'état » c'est-à-dire que le jugement du procès civil est suspendu jusqu'à ce qu'intervienne la décision définitive de la juridiction répressive. Le juge civil n'a pas le droit de se mettre en contradiction avec le juge pénal.

La décision rendue par le juge pénal s'impose au juge civil. C'est l'autorité de la chose jugée au criminel sur le civil.

Cependant, en matière de questions préjudicielles, le pénal dépend étroitement du civil. La décision rendue par la juridiction compétente a l'autorité de la chose jugée à l'égard du juge répressif. Si la décision a été rendue en faveur du prévenu ou de l'accusé, il y a renvoi devant la juridiction compétente.

Par contre, si l'exception préjudicielle est déclarée irrecevable, la procédure reprend purement et simplement son cours devant le tribunal saisi comme si elle n'avait jamais été soulevée. Le débat sur le fond reprendra et le juge répressif va statuer sur l'affaire.

CONCLUSION

Le prévenu ou l'accusé peut invoquer les incidents de procédure ou les exceptions pour garantir et respecter les droits de la défense. Il doit disposer de moyens de défense prévus par la loi pour établir la vérité et pour prouver son innocence. De son côté, le juge répressif doit apprécier tous les questions ou faits qui lui sont soumises. Pour fonder son intime conviction, il ne doit pas se contenter des preuves produites par le représentant de la Société. Le principe du contradictoire qui découle du procès équitable ne se conçoit guère si le juge pénal ne donne pas la possibilité de débattre des moyens de défense de la personne poursuivie. Un procès équitable exige un juste équilibre entre les parties. Chacune doit avoir la possibilité de présenter sa cause dans des conditions qui ne la placent pas dans une position désavantageuse par rapport à son accusateur. Cependant, ces incidents ou exceptions ne doivent pas être des moyens dilatoires destinés à ralentir le jugement de l'affaire.

D'où les règles et les limites posées par le CPP pour éviter tout abus et pour donner du crédit à ses prétentions.

BIBLIOGRAPHIE :

Ouvrages

PRADEL Jean, Procédure pénale, Edition Cujas, 6ème édition, 1991, Tome II.

VOUIN Robert et LEAUTE Jacques. Droit et Procédure pénale. Edition Presses Universitaires de France. 1965

TABLE DES MATIERES

www.ingramcontent.com/pod-product-compliance
Lightning Source LLC
Chambersburg PA
CBHW071120220526
45467CB00004B/1970